neu neu neu

mein mein

ein ein

eine eine

ein

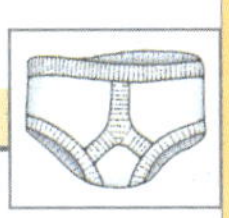
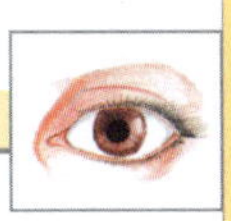

eine

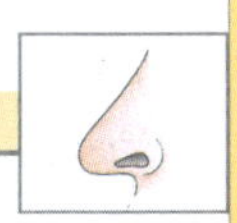
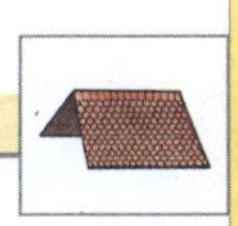

ein

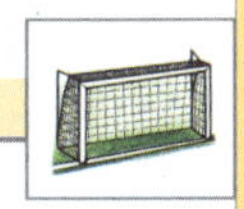

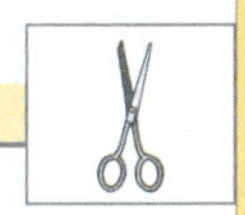

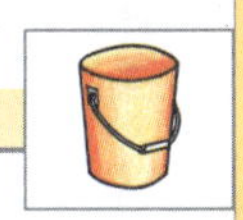

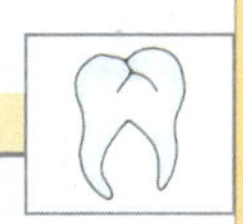

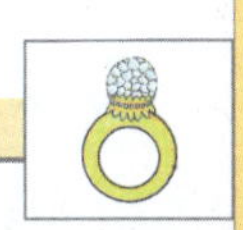

mit mit mit

mir mir

ich ich

im im

du du

dir dir

er er

es es

sie sie

wie wie

wo wo

auf auf

aus aus

am am

die Nase

der Hase

die Hose

das Ei

die Eule

das Haus

die Maus

der Arm

der Ast

das Auge

das Auto

die Bank

die Hand

der Sand

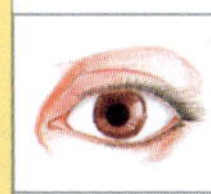

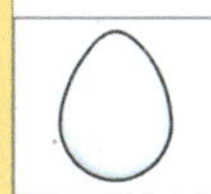

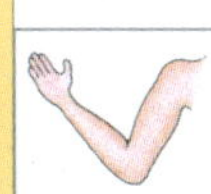

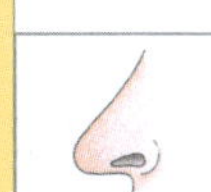
die Nase

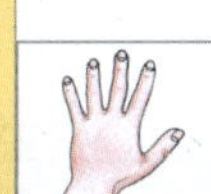

als als

alle alle

weit weit

wenig wenig

weiter weiter

durch durch

dich dich

für für

euch euch

und und

nein nein

nicht nicht

ja ja

jeder jeder

der Zahn

die Uhr

das Buch

der Rock

der Regen

das Ohr

das Obst

der Ball

die Kuh

der Kopf

der Hund

der Mund

das Gras

das Geld

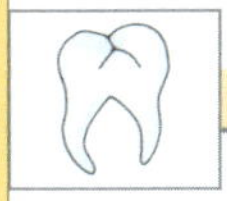

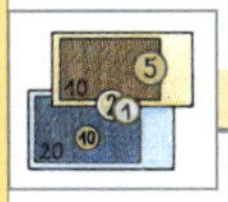

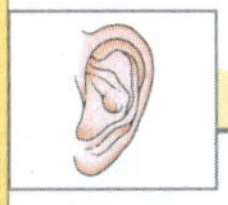

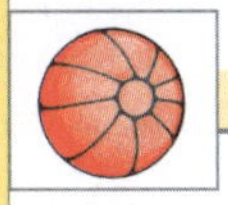

wann wann

warum warum

ihr ihr

ihm ihm

von von

vor vor

viel viel

hier hier

über über

sehr sehr

oft oft

hinter hinter

immer immer

ganz ganz

die Ampel

der Apfel

das Baby

der Baum

die Raupe

die Ente

die Erde

das Bein

der Hals

die Hexe

die Zunge

der Junge

die Blume

die Biene

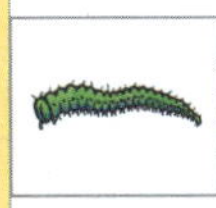

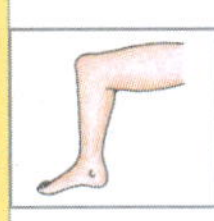

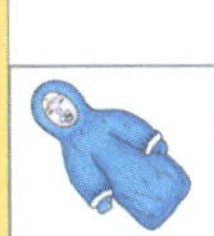

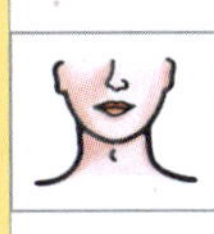

blau blau

braun braun

gelb gelb

grün grün

rot rot

weiß weiß

schwarz schwarz

bunt bunt

warm warm

hart hart

heiß heiß

hell hell

klein klein

kalt kalt

die Schere

die Schule

die Tasche

die Wiese

die Birne

der Vogel

die Wurzel

die Zwiebel

der Flügel

der Igel

das Blatt

der Euro

der Fuß

das Telefon

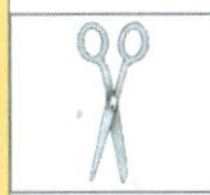

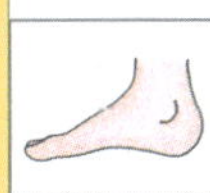

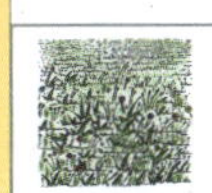

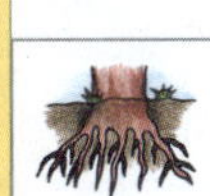

schön schön

schnell schnell

laut laut

leise leise

leicht leicht

böse böse

dunkel dunkel

fein fein

flüssig flüssig

frisch frisch

gesund gesund

groß groß

gestern gestern

hundert hundert

der Bauch

die Blüte

das Brot

der Brief

das Fenster

der Finger

die Frau

der Käfer

die Katze

das Pferd

die Puppe

die Sonne

der Stift

der Schuh

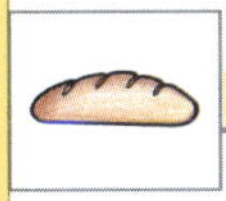

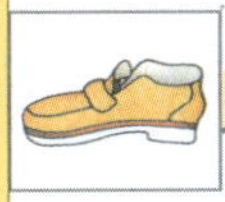

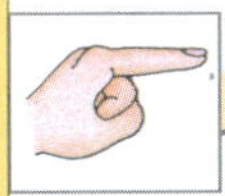

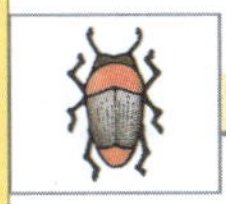

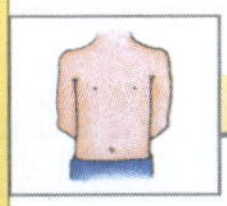

baden baden

bauen bauen

freuen freuen

geben geben

gehen gehen

haben haben

halten halten

hören hören

leben leben

legen legen

spielen spielen

sparen sparen

zeigen zeigen

wollen wollen

das Bild

das Wort

die Gabel

das Gemüse

die Haare

das Hemd

das Kleid

die Lampe

die Pizza

die Pommes

der Cent

der Computer

das Mädchen

der Müll

Wort

reden reden

rufen rufen

sagen sagen

suchen suchen

schauen schauen

schlagen schlagen

schlafen schlafen

tragen tragen

trinken trinken

warten warten

waschen waschen

fahren fahren

fallen fallen

finden finden

der Rücken

der Blitz

der Teddy

das Bett

die Brille

der Kamm

der Löffel

das Messer

der Schlüssel

die Tasse

der Teller

die Tanne

die Nuss

die Spaghetti

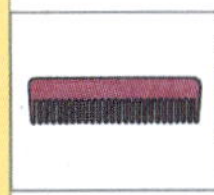

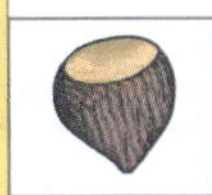

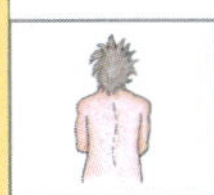

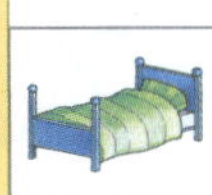

Tomaten sind rot.

Tomaten sind rot.

Tina redet im Traum.

Toni reimt am Strand.

Im Zoo gibt es Zebras.

Der Zahnarzt hat Zöpfe.

Willi war im Weltraum.

Woher kommen Wichtel?

Lilli liest im Laden.

Leos Laterne ist lila.

Lilo malt neun Läuse.

Bello bellt Bananen an.

Birte badet in Brasilien.

Opa hat große Füße.

Omas Füße sind größer.

arbeiten	arbeiten
bringen	bringen
bewegen	bewegen
bleiben	bleiben
danken	danken
denken	denken
fangen	fangen
fliegen	fliegen
kaufen	kaufen
kommen	kommen
laufen	laufen
liegen	liegen
pflanzen	pflanzen
pflegen	pflegen

die Bäume

die Hände

die Häuser

die Mäuse

die Münder

die Äpfel

die Bälle

die Kühe

die Kinder

die Eier

die Ohren

die Hosen

die Pferde

die Hunde

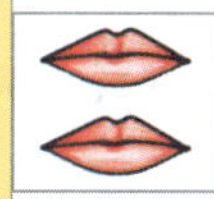

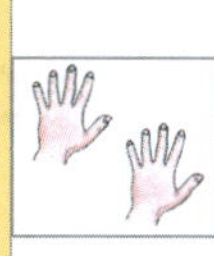

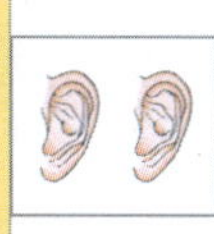

Ich turne an Ästen.

Ich stehe im Tor.

Ich rauche auch nachts.

Ich tauche im Meer.

Ich rolle herum.

Ich strahle hell.

Mein Name ist Ente.

Ich turne an Ästen.

Ich leuchte nachts.

Ich mache das Essen.

Mein Name ist Hase.

In mir ist der Müll.

Mit mir riecht man.

Mit mir sieht man.

Mich lesen die Leute.

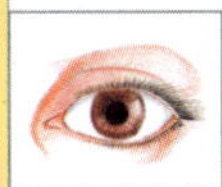

Hunde heulen im Heu.

Heidi hat einen Hammer.

Fanni faltet fabelhaft.

Frank hat freche Freunde.

Fische haben keine Federn.

Vampire verspeisen Vanille.

Vati verkauft viele Veilchen.

Petras Pudel liebt Pink.

Paula pfeift beim Sport.

Der Pluto ist ein Planet.

Jupp jammert im Januar.

Julias Nase juckt im Juli.

Guido grillt gerne Gurken.

Geister lieben Gruselgebrüll.

Ich habe acht Beine.

Ich bin schon älter.

Ich bin ein Bär.

Ich bin sehr laut.

Ich bin sauer.

Das ist mein Schnabel.

Ich brauche Schnee.

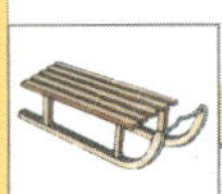

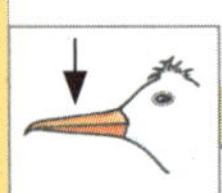

Ich bin eine Banane.

Ich bin sehr hoch.

Ich habe ein Schloss.

Ich bürste die Haare.

Ich bin aus Schnee.

Ich habe Blätter.

Ich bin ein Brot.

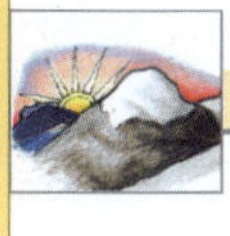

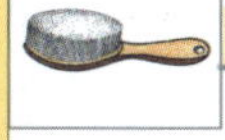

Omi turnt an einem Ast.

Tante Trudi träumt im Tor.

Lurche lachen nicht.

Acht Chinesen tauchen.

Lachen macht dich reich.

Walter wandert im Wald.

Wale weinen in der Wüste.

Im Schuh ist Schnee.

Es schneit in die Tasche.

Schneemänner sind schön.

Brittas Boot ist bunt.

Bert bastelt eine Brille.

Füchse fressen Frikadellen.

Tiffi feiert mit fünf Feen.

Ich habe eine Krone.

Ich habe einen Rüssel.

Ich bin im Weltall.

Ich mache tolle Musik.

Ich lebe im Wasser.

Ich kann laut bellen.

Ich habe Dornen.

Dieses Tier hat Hörner.

Dieses Tier kriecht herum.

Dieses Tier kräht laut.

Dieses Tier hat Stacheln.

Dieses Tier ist sehr klein.

Dieses Tier ist nicht echt.

Dieses Tier hat Kiemen.

Kamilla knetet Knete.

Karl kocht in der Küche.

Der Kaiser trinkt Kakao.

Geier fressen kein Gemüse.

Georg gewinnt eine Gabel.

Der Zwerg zappelt zornig.

Die Zeitung ist zerknittert.

Linda isst nur Nudeln.

Esel eilen in den Stall.

Alle Lose sind in Dosen.

Hummeln heiraten nicht.

Heinis Hasen essen Halme.

Svenja kocht weiße Soße.

Bert schießt über das Tor.

Ich habe eine Uniform.

Ich bin ein kleines Pferd.

Ich bin ein Hosenknopf.

Ich lebe im Puppenhaus.

Treppen haben Stufen.

Diese Flasche ist leer.

Briefe sind aus Papier.

Affen fressen keine Pappe.

Fahnen wehen im Wind.

Hupen sind oft laut.

Hampelmänner hampeln.

Feen leben in Märchen.

Die Lampe braucht Strom.

Löffel löffeln Suppe.

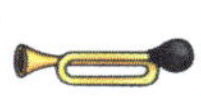

Der Himmel ist heiter.

Hans hat einen Hamster.

Hannis Huhn hat Husten.

Ich mache tolle Sachen.

Michael macht Streiche.

Boris besucht die Bücherei.

Beate bemalt Bibis Bauch.

Kamele bekommen Karies.

Klara küsst einen Kobold.

Kalli kommt aus Kanada.

Philipp pflückt Pflaumen.

Pappbecher sind aus Pappe.

Josef ist jünger als Anja.

Jakobs junger Jaguar jault.

Joghurt ist aus Milch.

An Fingern sind Nägel.

Gänse haben Flügel.

Dieser Junge ist fröhlich.

Jacken halten uns warm.

Am Hemd ist ein Kragen.

Aus Wolken fällt Regen.

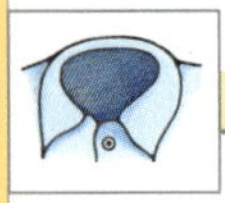

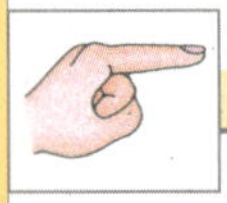

Gläser sind aus Glas.

Das Gespenst ist lustig.

Schafe werden geschoren.

Spiegel spiegeln uns.

Tiger sind Raubtiere.

Dies ist eine Säge.

Spaghetti sind lecker.

In dem Vulkan brodelt Lava.

Veronas Vogel ist verliebt.

Vera wohnt in einer Villa.

Pia mag süße Sachen.

Willi beißt in ein Eis.

Frankas Finken flöten fein.

Fette Ferkel sind nicht fit.

Ich nasche Schnittlauch.

Der Schlitten ist schnell.

Ich schnarche in der Schule.

Der Wind weht wild.

Werner wartet wütend.

Die Mäuse essen eine Torte.

An der Tanne tanzen Ameisen.

Ich verbrauche Benzin.

Ich verteidige das Tor.

Ich verfolge Verbrecher.

Ich bin verkleidet.

Ich bin verknotet.

Ich bin verletzt.

Ich bin verschlossen.

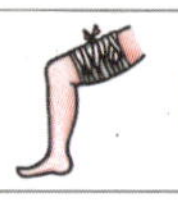

Zähne haben Wurzeln.

Aus mir wird vorgelesen.

In Zelten wird gezeltet.

Zangen sind Werkzeuge.

Zwiebeln haben Schalen.

Spritzen sind spitz.

Katzen haben Tatzen.

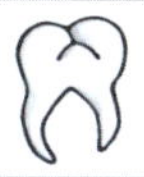

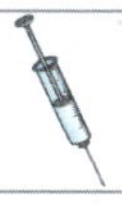

Diese Ziege ist zahm.

Auf dem Zeh ist Zimt.

Zwieback zerkrümelt zügig.

Pferde leben in der Herde.

Flöhe springen in die Höhe.

Schweine haben kurze Beine.

Hasen hoppeln auf dem Rasen.

Gunnars Gitarre ist gelb.

Geros Gulasch ist gefroren.

Gerdas Gesang ist grässlich.

Pias Pommes schmecken prima.

Opi paddelt nach Panama.

In dem Tuch ist ein Loch.

Drachen riechen nach Rauch.

Ich tauche sehr tief.

Ich habe zwei Höcker.

Ich sammle süßen Nektar.

Ich habe eine Mähne.

Mein Hals ist sehr lang.

Ich lege Frühstückseier.

Mich jagt die Katze.

Sie kommt nach der Zwei.

Sie kommt vor der Acht.

Sie kommt vor der Drei.

Sie kommt vor der Zwei.

Sie kommt vor der Fünf.

Sie kommt nach der Vier.

Sie kommt vor der Sieben.

1

2

3

4

5

6

7

Quallen quietschen nicht.

Karina zeichnet Quadrate.

Kaulquappen quaken nicht.

Ponys sind kleine Pferde.

Yannick jault beim Yoga.

Ayse hat eine Babypuppe.

Ronny baut eine Pyramide.

Judith kauft eine Jacke.

Jens jubelt über Juwelen.

Jans Joghurt ist aus Japan.

Verenas Verband ist violett.

Volker versalzt seine Suppe.

Wer will eine Wurst?

Wir wollen warmes Wetter!

Sie zeigt uns die Zeit an.

Aus ihm fließt Wasser.

In ihm brüten Vögel.

Auf ihnen fahren Züge.

In ihr werden Eier gebraten.

Er schützt uns vor Regen.

Sie schwingt hin und her.

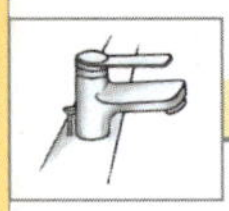

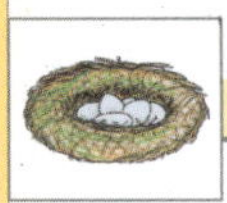

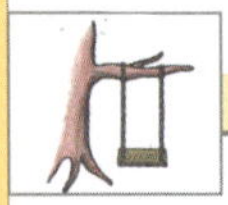

Wo ist der andere Schuh?

In ihm sitzt man bequem.

Auf ihr fahren viele Autos.

Aus ihr wird getrunken.

Er flattert leicht im Wind.

Sie schneidet Papier.

Er hat fünf Arme.

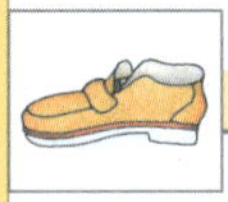

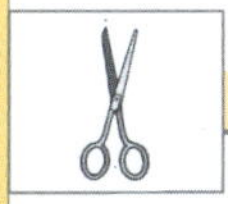

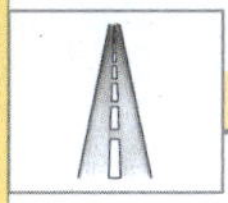

Camilla singt im Chor.

Der Clown liebt Comics.

Carlos ist ein cooler Cowboy.

Anne sägt an einer Tanne.

Ronny sitzt auf einem Pony.

Nora kauft sich einen Bohrer.

Heiner ist ein guter Schreiner.

Hexen lieben Mixer.

Eine Nixe sitzt im Taxi.

Trixi kauft ein Xylofon.

Gerd bedient den neuen Herd.

Sabine füllt die Spülmaschine.

Susanne hält die große Pfanne.

Frank liegt auf der Küchenbank.

Käse mag die kleine Maus.
Sie ist auch gar nicht dumm.
In ihrem kleinen Mäusehaus
liegt stets genug herum.

Jo-Jos hängen oft am Finger.
Jo-Jos sind sehr munter.
Fröhlich tanzen diese Dinger
rauf und wieder runter.

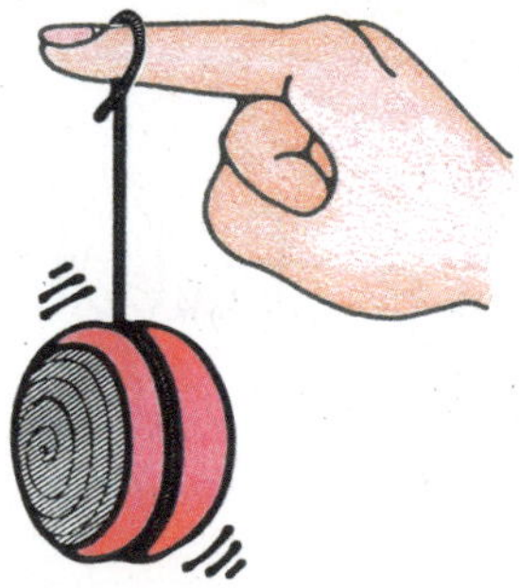

Oben an dem Himmelszelt
strahlt die Sonne heiß.
Unten nehme ich mein Geld
und kaufe mir ein Eis.

Schnecke Theo fragt sich bang:
„Wie komme ich nur heim?"
Lieber Theo, denk nicht lang,
gleit auf deinem Schleim.

Langer Hals, dünnes Bein,
das passt nicht zu Affen.
Affen müssen anders sein,
sonst wären sie Giraffen.

Dieser Ball hieß Rainer.
Er wurde immer kleiner.
Pumpen hatte keinen Zweck.
Schließlich war er weg.

Es gab da mal ein Mädchen,
das wollte stets ein Rädchen.
Es kriegte einen Roller,
den fand es noch viel toller.

Es gab da einen Jungen,
der hat so schief gesungen,
dass alle Leute maulten
und alle Hunde jaulten.

Ihr habt kräftig nachgedacht.
Ihr habt euch angestrengt.
Hoffentlich habt ihr gelacht.
Das dürft ihr, wenn ihr denkt.

Hätte dieses Heft zwei Beine,
würde es jetzt gehen.
Kinder, wisst ihr, was ich meine?
Tschüss, auf Wiedersehen.